P9-CRZ-396

MARIO

y el agujero en el cielo
CÓMO UN QUÍMICO SALVÓ NUESTRO PLANETA

Elizabeth Rusch
Ilustrado por Teresa Martínez

ini Charlesbridge

Para todos aquellos que optan por la ciencia frente al silencio—E. R.

A todos los futuros científicos—T. M.

Translation copyright © 2019 by Charlesbridge Publishing, Inc.; translated by Carlos E. Calvo
Text copyright © 2019 by Elizabeth Rusch
Illustrations copyright © 2019 by Teresa Martínez

Published by Charlesbridge
85 Main Street
Watertown, MA 02472
(617) 926-0329
www.charlesbridge.com

Library of Congress Cataloging-in-Publication Data
Names: Rusch, Elizabeth, author. | Martínez, Teresa, 1980– illustrator.
Title: Mario y el agujero en el cielo: cómo un químico salvó nuestro planeta / Elizabeth Rusch;
ilustrado por Teresa Martínez; traducido por Carlos E. Calvo.
Other titles: Mario and the hole in the sky. Spanish
Description: Watertown, MA : Charlesbridge, 2019.
Identifiers: LCCN 2015026862| ISBN 9781580895828 (reinforced for library use) | ISBN 9781632898593 (ebook)
| ISBN 9781632898609 (ebook pdf)
Subjects: LCSH: Molina, Mario J.—Juvenile literature. | Chemists—Biography—Juvenile literature. | Nobel Prize winners—
Biography—Juvenile literature. | Ozone layer depletion—Juvenile literature. | Atmospheric ozone—Juvenile literature. |
Air—Pollution—Juvenile literature.
Classification: LCC QD22.M665 R8718 2019 | DDC 363.738/75—dc23
LC record available at https://lccn.loc.gov/2015026862

Printed in China
(hc) 10 9 8 7 6 5 4 3 2 1

The artwork was created digitally using Photoshop and a Wacom tablet.
Display type set in Neue Neueland TF by Treacyfaces
Text type set in Adobe Garamond Pro by Adobe Systems Incorporated
Color separations by Colourscan Print Co Pte Ltd, Singapore
Printed by 1010 Printing International Limited in Huizhou, Guangdong, China
Production supervision by Brian G. Walker
Designed by Martha MacLeod Sikkema and Susan Mallory Sherman

*M*ario Molina nació en la Ciudad de México, el 19 de marzo de 1943.
Cuando tenía seis años, el mundo gozaba de nuevos y maravillosos productos
comerciales fabricados con nuevos y sorprendentes productos químicos.

¡Ffftt! ¡Ffftt! *La madre de Mario se rocía perfume en la muñeca.* Jjjjtt, jjjjtt.
Alguien limpia una ventana. Pssst. Pssst. *Con solo presionar un botón,
se esparce líquido limpiador sobre un mostrador, pintura en una cerca y espray
para mantener los rizos del cabello.*

Pero uno de esos nuevos productos químicos, utilizado en millones de aerosoles
y refrigeradores, tenía un efecto secundario peligroso que nadie había descubierto
hasta entonces...

—¡Feliz cumpleaños, Mario!—. El día que Mario cumplió diez años, sus padres le regalaron un microscopio.

Mario miró a través del lente y observó una gota de agua.

«*Qué aburrido*», pensó. Y, a continuación, se preguntó: «*¿Y qué pasaría si el agua estuviera sucia?*»

Mario puso unas hojas de lechuga en agua y dejó que se pudrieran. Días después, esa asquerosidad babosa, verdosa y amarronada, olía terrible. Mario se tapó la nariz, y utilizando un gotero extrajo un poco de esa agua y dejó caer una gota en una platina. Entonces, miró a través del lente y soltó un grito ahogado.

«¡Increíble! ¡Tantas asombrosas criaturas en una sola gota de agua!»

A partir de entonces, Mario observaba todo lo que podía en el microscopio: cristales de sal, tomates, cebollas, chiles en salsa y hasta pasta de dientes.

Mario sentía curiosidad por observar otras cosas.

—¿Puedo usar este baño como laboratorio? —les preguntó a sus padres—. Nadie lo usa.

—¡Dios mío! —se lamentó su mamá—. Esto va a ser un verdadero desastre.

Pero sus padres quitaron el inodoro y colocaron algunas estanterías.

—No hagas explotar nada —le advirtió su papá.

Clink, clink. Jisssss. ¡Jushhh! Un humo de olor ácido salió por debajo de la puerta del laboratorio de Mario.

—¿Qué haces, Mario? —le preguntó su tía Esther, que era química.

—Mira esto, tía —le dijo, monstrándole cómo se veía el detergente quemado en la platina.

—Creo que necesitas algunas cosas más —dijo ella, sonriendo. Le trajo un mechero de Bunsen y algunos productos químicos que no formaban parte de los juegos de química para niños.

Con cuidado, Mario mezclaba pociones en su laboratorio. Milagrosamente, las sustancias cambiaban de negro a amarillo y de ser solubles en agua a ser a prueba de agua.

Mario estuvo internado en una escuela de Suiza, y allí realizó más experimentos con su maestro de química. Calentaba productos químicos sobre la llama del mechero de Bunsen. Las chispas destellaban como fuegos artificiales de colores rosa púrpura, rojo carmesí y verde azulado.

Para Mario, la química tenía un poder misterioso, un poder que podía cambiar el mundo que lo rodeaba. Las tiendas estaban repletas de PRODUCTOS NUEVOS, DE EXCELENTE CALIDAD, que contenían NUEVOS Y EXTRAORDINARIOS INGREDIENTES que prometían ser ¡MÁS BARATOS, MEJORES Y MÁS EFECTIVOS!

Pero Mario sabía que aunque parecieran inofensivos, algunos productos químicos podían reaccionar con elementos del medio ambiente y llegar a ser peligrosos. Mientras continuaba sus estudios de química, no dejaba de hacerse la misma pregunta: ¿Eran realmente seguros estos nuevos productos?

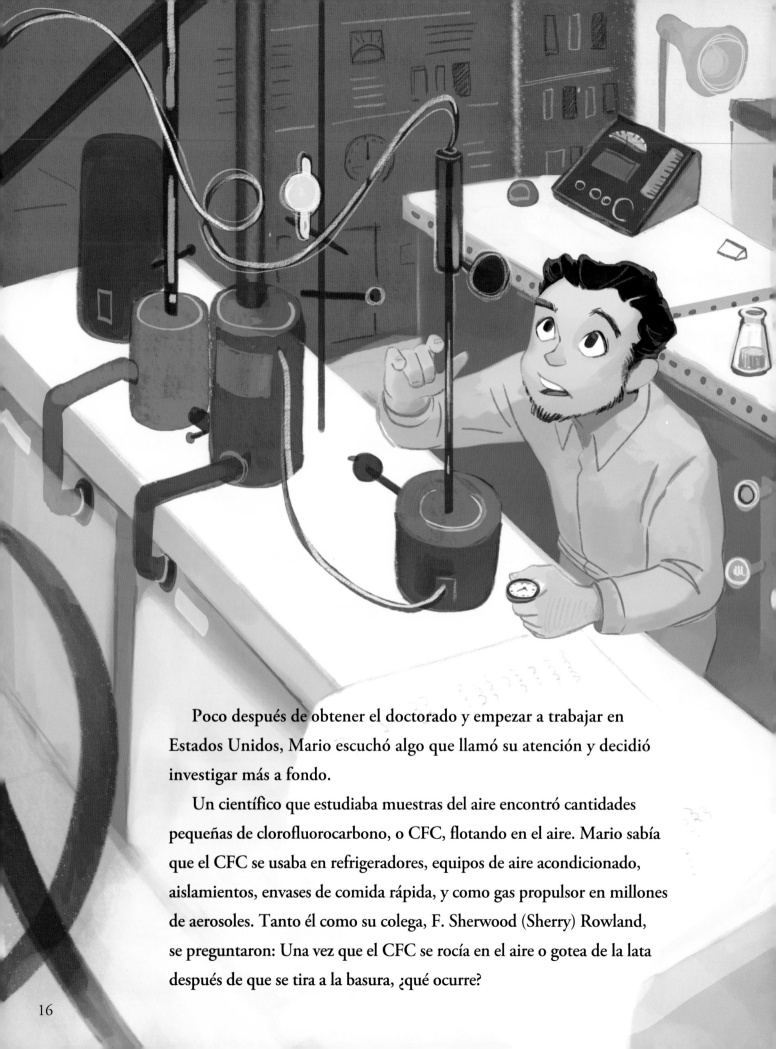

Poco después de obtener el doctorado y empezar a trabajar en Estados Unidos, Mario escuchó algo que llamó su atención y decidió investigar más a fondo.

Un científico que estudiaba muestras del aire encontró cantidades pequeñas de clorofluorocarbono, o CFC, flotando en el aire. Mario sabía que el CFC se usaba en refrigeradores, equipos de aire acondicionado, aislamientos, envases de comida rápida, y como gas propulsor en millones de aerosoles. Tanto él como su colega, F. Sherwood (Sherry) Rowland, se preguntaron: Una vez que el CFC se rocía en el aire o gotea de la lata después de que se tira a la basura, ¿qué ocurre?

Mario y Sherry llevaron a cabo un montón de experimentos
para averiguarlo.

Mezclaron CFC con agua. La mayoría de los compuestos químicos
se disuelven en agua de lluvia. Pero el CFC no se disolvió.

Proyectaron luz en los CFC. Algunos compuestos químicos
se descomponen bajo la luz. Pero los CFC no se descompusieron.

Prepararon un artilugio que simulaba la atmósfera inferior de la
Tierra, en la que todo compuesto químico generalmente se descompone.
Aun así, los CFC resistieron.

En la atmósfera superior, una capa de ozono rodea nuestro planeta. Como un potente filtro solar, la capa de ozono filtra la mortífera radiación solar conocida como luz ultravioleta. «¿Qué pasaría si los CFC llegaran a la capa de ozono?», se preguntó Mario.

Para responder a esta pregunta, Mario tomó las herramientas más simples a la mano de un químico: papel y lápiz. Hizo una lista de los ingredientes que se liberarían si la radiación descompusiera los CFC:

- carbono, cuyo símbolo es C
- flúor, cuyo símbolo es F
- cloro, cuyo símbolo es Cl

ATMÓSFERA

El cloro liberado ataca el ozono.

El ozono se descompone.

Luego escribió qué pasaría si esos ingredientes reaccionaran con el oxígeno, llamado O, en ozono (O_3).

Mario descubrió algo aterrador.

El cloro que flotaba en el aire, liberado por radiación, podía descomponer la capa de ozono.

Mario leyó sus ecuaciones químicas, y sintió un gran peso encima.
El problema era aun peor. Después de que el cloro destruía el ozono,
el cloro sobrevivía. Podía flotar y seguir destruyendo el ozono.
¡Un simple átomo de cloro podría aniquilar decenas de miles de
moléculas de ozono!

Sin ozono, las radiaciones mortales del Sol bombardearían la Tierra,
aniquilando la vida animal y vegetal.

Mario fue corriendo a la oficina de Sherry:

—Tenemos un problema muy serio, y tenemos que hacer algo.

Mario y Sherry se presentaron ante una multitud de reporteros de la prensa y la televisión para anunciarles que los CFC utilizados en millones de productos estaban destruyendo la capa de ozono. Intentaron explicarles la razón química que producía este hecho. Pero solo lograron captar el interés de algunos reporteros y ninguno comprendió la magnitud del problema.

Mario no se dio por vencido. Se presentó ante el Congreso y explicó que los CFC estaban destruyendo la capa de ozono. Pero, una vez más, nadie hizo nada. Nadie parecía comprender la gravedad del problema.

Mario estaba horrorizado. «La gente creía que era imposible que la humanidad pudiera poner en peligro nuestro planeta. Decían que el planeta era grande, que sabría cómo protegerse», comentó Mario. «Pero yo estaba seguro de que no era así».

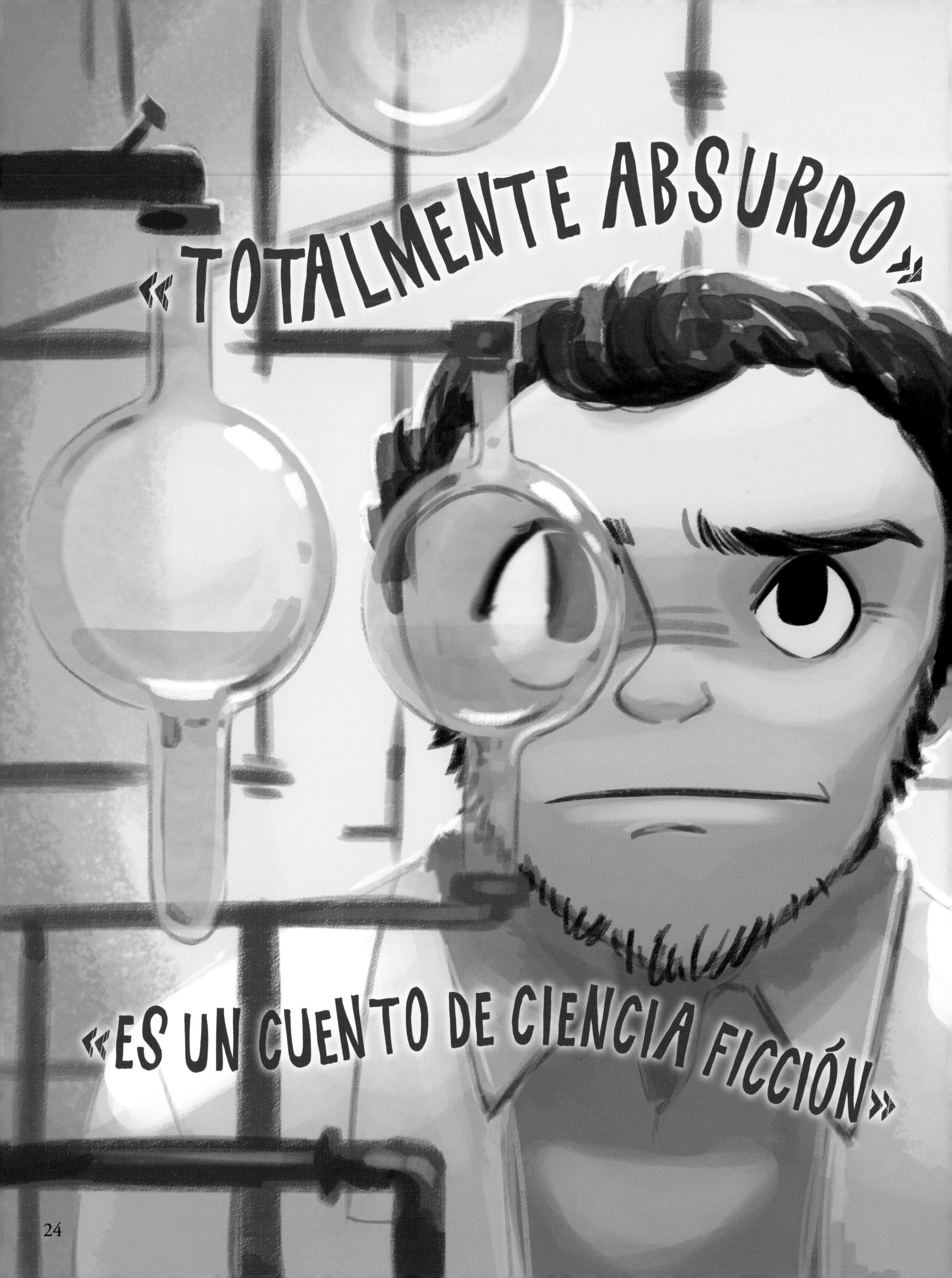
«TOTALMENTE ABSURDO»
«ES UN CUENTO DE CIENCIA FICCIÓN»

Por más de diez años, Mario continuó estudiando el problema y advirtiéndole a la gente del peligro: «Si seguimos usando los CFC, gran parte de la capa de ozono se reducirá o desaparecerá. Esto podría causar cáncer de piel y enfermedades oculares. Las cosechas se arruinarán. ¡Sería una catástrofe!».

Las compañías químicas, los periódicos e incluso otros científicos criticaban severamente a Mario. Incluso, alguien lo acusó de ser un espía que intentaba generar caos en Estados Unidos.

«¿Pero por qué razón habría yo de inventar esto?», pensaba Mario. «Soy un CIENTÍFICO». Mario nunca se dio por vencido.

«UN MONTÓN DE BASURA»

Un científico británico midió la capa de ozono de la atmósfera, y observó algo extraño. Parecía haber un agujero gigante en la capa de ozono que está arriba de la Antártida. El agujero tenía el tamaño de Estados Unidos.

Todos se preguntaban cómo pudo haber ocurrido eso. ¿Cómo la humanidad pudo haber tenido semejante impacto en la atmósfera? ¿Y tan rápido? Mario y Sherry intentaron nuevamente explicar la razón química.

Aun así, les pedían más pruebas. Una expedición de científicos fueron a la Antártida para contar el cloro y el ozono desde un avión a gran altura.

Los resultados fueron claros... y aterradores.

El cloro definitivamente estaba destruyendo la capa de ozono.

Finalmente la gente creyó lo que decían los científicos. Había que hacer algo.

Pero... ¿qué?

Líderes de todo el mundo acudieron masivamente a Montreal,
Canadá, para tratar el problema. Mario explicó el concepto científico.
Suplicó a todas las naciones que se unieran para detener la destrucción
de la capa de ozono. «Los debates fueron largos y engorrosos»,
comentó Mario. «Temía que no llegáramos a ponernos de acuerdo».

Los representantes regresaron a sus países. Mario regresó a su casa en Estados Unidos, a esperar una respuesta. «Este era el primer problema mundial de la Tierra», dijo Mario. «No había ninguna referencia anterior de un planeta entero que tuviera que hacer frente a una situación semejante. No sabía qué podría pasar».

Y por fin llegó la esperada respuesta. Veintiocho países, entre ellos Estados Unidos y México, acordaron detener la producción de CFC. Poco después, fueron cuarenta y seis países que formaron parte del acuerdo. Y más tarde, 190—casi todos los países del mundo—se sumaron al Protocolo de Montreal.

«Me sentía emocionado, satisfecho y aliviado», recuerda Mario.

Durante un tiempo, los CFC que ya flotaban en el aire continuaron elevándose hacia la capa de ozono. Pero la Tierra produce ozono todo el tiempo. Al disminuir la descarga de CFC, la capa de ozono empezó a recuperarse. Se espera que para el año 2070 se haya recuperado totalmente.

Los humanos habían creado el primer problema ambiental mundial... pero también habían encontrado la forma de solucionarlo.

Ahora, cada vez que Mario visita la Ciudad de México, donde la contaminación impide ver el pico nevado de los volcanes, se preocupa por otro problema invisible: el calentamiento global. La combustión de petróleo, carbón y gas está produciendo un cambio en el clima del mundo a una velocidad aterradora.

Pero Mario guarda esperanzas para nuestro planeta. Su trabajo con la capa de ozono demostró que las naciones pueden resolver problemas mundiales si trabajan juntas. «Podemos trabajar entre todos los países, todas las culturas y todas las personas del mundo», dice. «*Podemos* trabajar juntos. *Es* posible».

«Ya salvamos el planeta una vez. Podemos hacerlo de nuevo».

EPÍLOGO: Mario enfrenta el problema del calentamiento global

Mario Molina en 2013.
Foto de Erik Jepsen, UC San Diego.

El 11 de octubre de 1995, Mario Molina estaba en su oficina preparando una clase de química. *Rrring*. La llamada era de Suecia. Mario, Sherry Rowland y el científico atmosférico Paul J. Crutzen habían ganado el Premio Nobel de Química por su trabajo con los CFC y la capa de ozono. «Quedé estupefacto. Estaba tan sorprendido que no podía creerlo», recuerda Mario. Sus estudiantes lo celebraron dándole una serenata con mariachis.

«Poco a poco entendí que la atención que uno recibe al ganar el Premio Nobel se puede usar de manera positiva», afirma Mario. Y así lo ha hecho.

Mario donó doscientos mil dólares que ganó con el Premio Nobel al Instituto de Tecnología de Massachusetts (MIT) para becas de investigación a científicos jóvenes de los países en desarrollo. «Nunca se sabe en qué mente joven y brillante puede estar la solución a los graves problemas que enfrenta el mundo», dice Mario. «Necesitamos cada una de ellas».

Entonces volcó su atención a otro gran problema ambiental: el calentamiento global. Los científicos habían descubierto que la quema de combustibles fósiles, como el carbón, petróleo y gas natural, libera «gases de efecto invernadero» a la atmósfera. Estos gases atrapan calor, calentando el planeta. Cuanto más Mario estudiaba el problema, más claro lo tenía: el mundo se calienta a una velocidad peligrosa y los humanos son los responsables.

Es una realidad: reemplazar los combustibles fósiles es más difícil que reemplazar los CFC. «Pero tenemos soluciones —dice Mario—, y lo que necesitamos es que todos los países reconozcan, como lo hicieron con el problema de la capa de ozono, que el problema es sumamente serio y tenemos que resolverlo con todas las fuerzas a nuestro alcance».

Mario se ha unido con otros científicos con el objetivo de exhortar al mundo a actuar inmediatamente para frenar el calentamiento global. Le recomendaron al Corte Suprema de Estados Unidos que respaldara las regulaciones para controlar la emisión de dióxido de carbono de los vehículos. Además, Mario también ha asesorado a presidentes de Estados Unidos y de México en el tema de política ambiental, exhortándolos a participar en el primer intento a nivel internacional para reducir el calentamiento global.

En el 2016, el mundo comenzó a tomar medidas para solucionar el problema. Como parte del Acuerdo de París, 195 naciones prometieron reducir las emisiones de carbono. El objetivo es mantener el aumento de la temperatura global por debajo de 2° Celsius. México prometió una reducción de un 25% en las emisiones de carbono para el año 2030. Estados Unidos se comprometió a reducir las emisiones de gases de efecto invernadero entre un 26 y 28 por ciento para el año 2025, y el Presidente Barack Obama reforzó este compromiso abogando por las energías limpias y por reducir las emisiones de los tubos de escape. Mario y otros colegas científicos declararon que el acuerdo era «un primer paso, pequeño pero histórico y vital, hacia la implementación de unos cuidados mejor informados del sistema climático de la Tierra».

Pero el Presidente Donald Trump, que en repetidas ocasiones se ha referido al cambio climático como «un invento», tiene la intención de retirarse del Acuerdo de París tan pronto lo permita el acuerdo. Dicha retirada sería oficial en noviembre del 2020.

Mario y otros veintinueve científicos le aconsejaron a la administración de Trump que no se retirara del acuerdo. «Gran parte del calentamiento global de las últimas seis décadas se ha debido a la combustión de combustibles fósiles y otras actividades humanas», declararon. «Si continuamos incrementando los niveles atmosféricos de gases de efecto invernadero, la Tierra seguirá calentándose, con muy serias consecuencias no solo para la economía sino para todos los ecosistemas del planeta».

Pero quisieron terminar con una nota de esperanza: «Así como la ciencia ha sido capaz de diagnosticar la causa de los cambios acontecidos en el sistema climático de la Tierra, la ciencia puede también ofrecer la base para solucionarlos», concluyeron.

Muchos ciudadanos de Estados Unidos no esperarán a que el gobierno federal tome las medidas necesarias. Miles de gobernadores, alcaldes y directores ejecutivos de empresas se han comprometido a cumplir con las metas para reducir la emisión de gases de efecto invernadero según el Acuerdo de París.

Ya solucionamos la crisis del ozono y también podemos resolver el problema del calentamiento global, pero tenemos que comprometernos a resolverlo juntos.

«El cambio climático es quizás el problema ambiental más preocupante que enfrenta la sociedad humana hoy día».

—Mario Molina se dirige al Comité de Energía y Recursos Naturales del Senado de Estados Unidos.

SIMILITUDES SORPRENDENTES
El agujero de ozono y el calentamiento global

El calentamiento global no es la primera consecuencia de las acciones humanas que ponen en peligro al planeta. La amenaza de la capa de ozono fue igual de escalofriante. Quizás estemos en la parte crítica del problema del calentamiento global pero por nuestra experiencia con el agujero de ozono sabemos que la solución está a nuestro alcance.

AGUJERO DE OZONO

EL PROBLEMA

Los CFC destruyen la capa de ozono.

LA CIENCIA

En la atmósfera superior, la radiación solar impacta cada molécula de CFC, haciendo que liberen un átomo de cloro. El átomo de cloro (Cl) reacciona con el ozono (O_3), liberando un átomo de oxígeno y destruyendo la molécula de ozono. La ecuación correspondiente es: $Cl + O_3 \rightarrow ClO + O_2$

Cuando la molécula de ClO, conocida como monóxido de cloro, choca con un átomo de oxígeno (O), se libera un átomo de cloro. La ecuación correspondiente es:
$$ClO + O \rightarrow Cl + O_2$$

El átomo de cloro está listo ahora para destruir otra molécula de ozono. Un átomo de cloro puede destruir 100,000 moléculas de ozono.

LA AMENAZA A NUESTRO PLANETA

La destrucción de la capa de ozono permite la entrada de radiación solar, que pone en peligro la vida vegetal y animal.

LA DEMORA

Se dijo que la disminución de ozono era una hipótesis que no había sido probada, un engaño y un fraude. Durante una década casi no se hizo nada para enfrentar este problema.

EL ESFUERZO MUNDIAL

Estados Unidos, el mayor productor de CFC, encabezó un proyecto internacional para prohibir los CFC. Más de 190 países firmaron el Protocolo de Montreal.

EL CONSENSO CIENTÍFICO

Para el año 1986 la mayoría de los científicos habían acordado que los CFC destruyen el ozono y que se debía encontrar una solución.

LAS SOLUCIONES

Detener la fabricación y los usos de CFC.

LA ESPERANZA

Ciertos procesos naturales eliminarán el exceso de cloro de la atmósfera y así se reestablecerá la producción natural de ozono para que la capa vuelva a su normalidad. El área que está sobre la Antártida ya se está recuperando.

EL RESULTADO

La emisión de CFC se ha detenido.

CALENTAMIENTO GLOBAL

EL PROBLEMA

La combustión de carbón, petróleo y gas natural libera gases que atrapan calor, calentando el planeta.

LA CIENCIA

La luz solar pasa a través de la atmósfera y calienta la superficie terrestre. Normalmente, la Tierra irradia de nuevo parte de ese calor al espacio. Pero quemar combustibles fósiles libera dióxido de carbono (CO_2) y otros gases de efecto invernadero, los cuales actúan como una manta alrededor del planeta, reteniendo el calor. A medida que los gases de efecto invernadero se acumulan en la atmósfera, el planeta se calienta cada vez más.

LA AMENAZA A NUESTRO PLANETA

El aumento en las temperaturas ha comenzado a derretir glaciares, elevar el nivel del mar, causar la extinción masiva de plantas y animales, y aumentar los desastres naturales, como olas de calor, inundaciones y sequías.

LA DEMORA

Se dice que el calentamiento global es una hipótesis que no ha sido probada, un engaño y un fraude. Poco se ha hecho para enfrentar este problema.

EL CONSENSO CIENTÍFICO

La mayoría de los científicos del clima están de acuerdo que consumir combustibles fósiles calienta el planeta y que se debe buscar una solución.

EL ESFUERZO MUNDIAL

Casi 200 países, incluyendo Estados Unidos, firmaron el Acuerdo de París, con la promesa de trabajar para lograr que la temperatura global no aumente más de 2° C. Pero el Presidente Donald Trump tiene la intención de retirar a Estados Unidos del acuerdo tan pronto como el tratado lo permita.

LAS SOLUCIONES

Reducir el consumo de combustibles fósiles y capturar los gases de efecto invernadero. Conservar energía. Desarrollar fuentes de energía que no liberen dióxido de carbono, como energía solar, eólica, e incluso undimotriz.

EL RESULTADO

Los gases de efecto invernadero se dispersan en la atmósfera a un ritmo acelerado.

LA ESPERANZA

Todas las naciones, incluyendo Estados Unidos, tomarán medidas inmediatas para reducir permanentemente la cantidad de gases de efecto invernadero liberados a la atmósfera. Si así lo hacen, el clima global se estabilizará y volverá a la normalidad.

OTRAS LECTURAS
Sobre Mario Molina y la capa de ozono

Guidici, Cynthia. *Mario Molina*. Chicago, IL: Raintree, 2006.

Kent, Deborah. *Mario Molina: Chemist and Nobel Prize Winner*. Chanhassen, MN: Child's World, 2004.

Martins, John. *Ultraviolet Danger: Holes in the Ozone Layer*. New York: Rosen Publishing Group, 2006.

Morgan, Sally. *The Ozone Hole*. New York: Franklin Watts, 1999.

Nardo, Dan. *Ozone*. Farmington Hills, MI: KidHaven, 2006.

The Ozone Hole: http://www.theozonehole.com
    Incluye enlaces a artículos sobre el agujero de ozono, gráficos y videos, y datos sobre el problema del ozono y el Protocolo de Montreal.

Understanding Science/Ozone Depletion: http://undsci.berkeley.edu/article/0_0_0/ozone_depletion_01
    Detalla el proceso científico que explica el problema del ozono.

Sobre el calentamiento global

Basher, Simon. *Basher Science: Climate Change*. New York: Kingfisher; 2015

Cherry, Lynne y Gary Braasch. *How We Know What We Know About Our Changing Climate: Scientists and Kids Explore Global Warming*. Nevada City, CA: Dawn Publications, 2008.

Cole, Joanna. *The Magic School Bus and the Climate Challenge*. New York: Scholastic, 2010.

Collard, Sneed B., III. *Hopping Ahead of Climate Change: Snowshoe Hares, Science, and Survival*. Missoula, MT: Bucking Horse, 2016.

David, Laurie y Cambria Gordon. *The Down-to-Earth Guide to Global Warming*. New York: Orchard, 2007.

Heos, Bridget. *It's Getting Hot in Here: The Past, Present, and Future of Climate Change*. Boston: HMH Books for Young Readers, 2016.

Climate Kids (NASA): https://climatekids.nasa.gov
    Datos, videos y juegos apropiados para niños; se incluyen datos sobre oportunidades de trabajo en el área ambiental.

Climate Reality Project: https://www.climaterealityproject.org
    Mira videos sobre el cambio climático, regístrate en cursos de entrenamiento o invita a líderes a favor del cambio climático a dar una charla en tu escuela.

Global Climate Change (NASA): https://climate.nasa.gov
    Hay signos vitales que te indican cuáles son los efectos actuales del cambio climático.

Paris Agreement: https://unfccc.int/process/the-paris-agreement/what-is-the-paris-agreement
    Aprende cuáles son los puntos esenciales del acuerdo y sigue de cerca su desarrollo.

Skeptical Science: https://www.skepticalscience.com
    Información científica, fácil de entender, que te servirá de ayuda para hablar con los muchos estadounidenses que dudan sobre el problema del calentamiento global.

Los localizadores uniformes de recursos (URL, por sus siglas en inglés) que se indican en este libro están vigentes en el momento de su publicación. Sin embargo, podrían cambiar. Si alguno de los aquí referenciados no existiera en el momento de su consulta, le recomendamos utilizar Internet para obtener más información.

¡HAZ ALGO HOY!

Hay cosas que puedes hacer hoy (y todos los días) para usar menos energía y evitar que se liberen gases de efecto invernadero a la atmósfera.

- En vez de utilizar el auto, camina, anda en bicicleta o viaja en transporte público cuando sea posible.
- Apaga las luces y otros electrodomésticos cuando no los uses.
- Pídeles a tus padres que reemplacen los focos incandescentes con LED o fluorescentes compactos.
- Vuelve a usar materiales y recíclalos cada vez que puedas. (Fabricar cosas nuevas requiere energía.)
- Planta un árbol. (Los árboles consumen dióxido de carbono y liberan oxígeno.)
- Aprende más sobre el calentamiento global y comparte lo que sabes con tus familiares y amigos para que ellos también participen en resolver este problema.

NOTA DE LA AUTORA: El proceso de investigación

La primera vez que escuché que los productos de uso diario podían destruir la capa de ozono que rodea nuestro planeta y que nos protege de las letales radiaciones solares, cursaba la escuela primaria. El problema me parecía algo increíble y bastante aterrador. Sentí alivio cuando me enteré de que todo el mundo prohibía el uso de CFC y que nuestra capa de ozono se recuperaría.

La primera vez que escuché acerca del calentamiento global, el problema me resultó conocido. También era difícil de creer y preocupante. Fue por eso que quise escribir un libro sobre el agujero de ozono; para recordarles a los lectores que ya nos enfrentamos a un problema similar y que *podemos* solucionar este.

Cuando comencé a investigar sobre el agujero de ozono, leí acerca de un químico mexicoamericano llamado Mario Molina, de su interés en la química desde niño, de su papel en el descubrimiento del problema del ozono, y su solución, y en su trabajo continuo sobre el calentamiento global. Decidí que su historia sería la manera perfecta de contar el problema del ozono y qué relación tiene con el calentamiento global.

La mejor parte de escribir una biografía real de una persona viva es que dicha persona te puede contar la historia, describir cosas importantes que sucedieron y contestar preguntas.

Antes de entrevistar al Dr. Molina por teléfono, leí docenas de artículos sobre él y sobre el problema del CFC y del ozono en periódicos y revistas. Los leí en orden cronológico para comprender cómo se fueron divulgando las noticias. A mediados de la década de 1970, artículos como «*Why Aerosols Are Under Attack*» (*Business Week*, 17 de febrero de 1975) daban los primeros indicios de que los científicos habían descubierto un problema grave. Durante la década de 1980 se cuestionó si los CFC eran en verdad peligrosos, lo que se observa en artículos como «*CFCs and Ozone: Deadlocked*» (*The Economist*, 28 de noviembre de 1981). Cuando se descubrió el enorme agujero de ozono sobre la Antártida, los artículos periodísticos cambiaron su enfoque, reconociendo el problema y la necesidad de buscar soluciones («*Worldwide Pact Sought on Ozone*», por Philip Shabecoff, *The New York Times*, 19 de febrero de 1987). Los artículos de la década de 1990 celebraban la entrega del Premio Nobel a Mario Molina («*MIT Scientist Shares Nobel for Identifying Ozone Damage*», por David L. Chandler, *The Boston Globe*, 12 de octubre de 1995). Y otros artículos más recientes hablan del trabajo que el Dr. Molina realiza en el presente para cuidar el medio ambiente («*Socially Responsible Science*», por Olive Heffernan, *Nature*, 11 de octubre de 2012) y «*Turning Up the Heat*», por Patricia Smith, *New York Times Upfront*, 21 de abril de 2014).

Para entender la ciencia y la política relacionada con la reducción de ozono y el calentamiento global también leí sitios web, como el de las Naciones Unidas sobre el ozono (http://ozone.unep.org) y el de la NASA sobre el cambio climático global (https://climate.nasa.gov).

Incluso leí artículos técnicos muy complejos en publicaciones científicas, como «*Stratospheric Sink for Chlorofluoromethanes: Chlorine Atom-Catalysed Destruction of Ozone*», de Mario J. Molina y F. S. Rowland (*Nature*, 28 de junio de 1974). (Tuve que leer partes de este material muchas veces para comprenderlo.)

Quería saber qué le dijo el Dr. Molina a los funcionarios del gobierno, entonces revisé el testimonio que hizo ante el Congreso, *Statement of Mario Molina, Professor, University of California, to the U.S. Senate Committee on Energy and Natural Resources, July 21, 2005*.

Todas esas lecturas de apoyo me brindaron detalles sobre la vida y el trabajo del Dr. Molina, lo cual me sirvió para armar la historia. Pero yo quería saber más acerca de su infancia, cómo surgió su interés por la química, cómo se desarrolló su trabajo con el problema del ozono y cómo reaccionó ante cada paso que daba. Hice una larga lista de preguntas y entrevisté por teléfono al Dr. Molina en mayo y julio de 2008, y una vez más en enero de 2014.

Todas las citas no relacionadas más abajo, provienen de mis entrevistas con el Dr. Molina. La mayoría son citas directas. Las otras provienen de partes de entrevistas en las que le pregunté al Dr. Molina que tratara de reconstruir lo que la gente dijo o pensó en momentos importantes de su vida, especialmente durante su infancia.

Fuentes de las citas

Páginas 24–25: «Es un cuento de ciencia ficción», «Un montón de basura», y «Totalmente absurdo»: Ozone-crisis skeptics cita de Patrick McCurdy, en «*Fluorocarbons: Still Time for a Fair Shake, Not Bum's Rush*» (*Chemical Week*, 16 de julio de 1975).

Página 35: «Un primer paso, pequeño pero histórico[…]sistema climático de la Tierra»: Mario Molina y otros científicos en «*An Open Letter Regarding Climate Change from Concerned Members of the U.S. National Academy of Sciences*», 20 de septiembre del 2016.

Página 35: «Gran parte[…]del planeta» y «Así como la ciencia[…]solucionarlos»: Mario Molina y otros científicos en carta abierta a Scott Pruitt, administrador de la Agencia de Protección Ambiental de Estados Unidos, el 13 de marzo del 2017.

Página 35: «El cambio climático[…]hoy día»: Testimonio de Mario Molina ante el Comité de Energía y Recursos Naturales del Senado de Estados Unidos, el 21 de julio del 2005.

Agradecimientos

Mi enorme agradecimiento al Dr. Mario Molina por tomarse tiempo de su importante trabajo para compartir su historia conmigo y con los jóvenes lectores. Extiendo mi agradecimiento a todos los que ayudaron a hacer de este, un mejor libro, más preciso y más interesante: Elizabeth Bartholomew, Michelle Blair, Melissa Dalton, Erin Dees, Elizabeth Gross y Erika Schnatz asistentes de investigación; Addie Boswell, Judy Cox, Ruth Feldman, Ellen Howard, Barbara Kerley, Amber Keyser, Michelle McCann (y sus alumnos de Portland State University), Lori Mortensen, Sabina Rascol, Lori Ries, Nicole Schreiber y Emily Whitman, escritores; y sobre todo a Sydney Dunn, Madison Fassiotto, Gabrial Lafond, Jacob Mesch, Cobi Rusch, Illiana Schuring, Zackary Schwartz y Stacy Rosoff, alumnos de tercer grado de Chapman Elementary School, en Portland, Oregón. Agradezco también a mis editores, Alyssa Mito Pusey y Yolanda Scott, así como a todo el equipo de Charlesbridge por su apoyo incondicional a pesar de las dificultades, y por su total dedicación para que este cuento llegue a los jóvenes lectores. Es un honor trabajar con ellos. Y mi más cálido agradecimiento a la brillante Teresa Martínez por sus impactantes ilustraciones, las cuales aportan vida y humanidad a esta historia compleja pero importante.

LÍNEA CRONOLÓGICA

1928
Thomas Midgley, Jr. y Charles Franklin Kettering inventan un «compuesto milagroso» incoloro, inodoro, inflamable y que no se corroe, llamado clorofluorocarbono (CFC) o freón.

1968–1972
Mario obtiene el doctorado en Química en la Universidad de California, Berkeley.

1967
Mario obtiene un título de posgrado en la Universidad de Freiberg, Alemania.

1975
Mario obtiene la ciudadanía de Estados Unidos.

1974
Mario y Sherry publican sus hallazgos sobre los CFC y el ozono en la revista científica *Nature*.

1930 **1940** **1950** **1960** **1970**

1930–1940
Comienza la producción comercial y el uso de CFC.

1960–1965
Mario estudia Ingeniería Química en la Universidad de México.

1943
El 19 de marzo nace José Mario Molina-Pasquel Henríquez en la Ciudad de México.

1973
Mario comienza a enseñar e investigar en la Universidad de California, Irvine, junto a F. Sherwood «Sherry» Rowland.

1974
Mario y Sherry convocan una conferencia de prensa en la *American Chemical Society*, en Atlantic City, Nueva Jersey.